Dieses Buch gehört

_____

MONATSPLANER

Monat

Monatsziele
*
*
*
*
*
*
*

Termine
*
*
*
*
*
*
*

Veranstaltungen
*
*
*
*
*
*
*

Notizen
*
*
*
*
*
*
*

Woche 1

Woche 2

Woche 3

Woche 4

Woche 5

Übersicht

MONATSPLANER

Monat

Monatsziele
*
*
*
*
*
*
*

Termine
*
*
*
*
*
*
*

Veranstaltungen
*
*
*
*
*
*
*

Notizen
*
*
*
*
*
*
*

Woche 1

Woche 2

Woche 3

Woche 4

Woche 5

Übersicht

MONATSPLANER

Monat

Monatsziele
*
*
*
*
*
*

Termine
*
*
*
*
*
*

Veranstaltungen
*
*
*
*
*
*

Notizen
*
*
*
*
*
*

Woche 1

Woche 2

Woche 3

Woche 4

Woche 5

Übersicht

MONATSPLANER

Monat

Monatsziele
*
*
*
*
*
*
*

Termine
*
*
*
*
*
*
*

Veranstaltungen
*
*
*
*
*
*
*

Notizen
*
*
*
*
*
*
*

Woche 1

Woche 2

Woche 3

Woche 4

Woche 5

Übersicht

MONATSPLANER

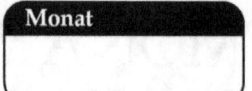

Monat

Monatsziele
*
*
*
*
*
*

Termine
*
*
*
*
*
*

Veranstaltungen
*
*
*
*
*
*

Notizen
*
*
*
*
*
*

Woche 1

Woche 2

Woche 3

Woche 4

Woche 5

Übersicht

MONATSPLANER

Monat

Monatsziele

Termine

Veranstaltungen

Notizen

Woche 1

Woche 2

Woche 3

Woche 4

Woche 5

Übersicht

MONATSPLANER

Monat

Monatsziele
*
*
*
*
*
*
*

Termine
*
*
*
*
*
*
*

Veranstaltungen
*
*
*
*
*
*
*

Notizen
*
*
*
*
*
*
*

Woche 1

Woche 2

Woche 3

Woche 4

Woche 5

Übersicht

MONATSPLANER

Monat

Monatsziele
*
*
*
*
*
*
*

Termine
*
*
*
*
*
*
*

Veranstaltungen
*
*
*
*
*
*
*

Notizen
*
*
*
*
*
*
*

Woche 1

Woche 2

Woche 3

Woche 4

Woche 5

Übersicht

MONATSPLANER

Monat

Monatsziele
* ...
* ...
* ...
* ...
* ...
* ...
* ...

Termine
* ...
* ...
* ...
* ...
* ...
* ...
* ...

Veranstaltungen
* ...
* ...
* ...
* ...
* ...
* ...
* ...

Notizen
* ...
* ...
* ...
* ...
* ...
* ...

Woche 1

Woche 2

Woche 3

Woche 4

Woche 5

Übersicht

MONATSPLANER

Monat

Monatsziele
* ---
* ---
* ---
* ---
* ---
* ---
* ---

Termine
* ---
* ---
* ---
* ---
* ---
* ---
* ---

Veranstaltungen
* ---
* ---
* ---
* ---
* ---
* ---

Notizen
* ---
* ---
* ---
* ---
* ---
* ---
* ---

Woche 1

Woche 2

Woche 3

Woche 4

Woche 5

Übersicht

MONATSPLANER

Monat

Monatsziele
*
*
*
*
*
*

Termine
*
*
*
*
*
*

Veranstaltungen
*
*
*
*
*
*

Notizen
*
*
*
*
*
*

Woche 1

Woche 2

Woche 3

Woche 4

Woche 5

Übersicht

MONATSPLANER

Monat

Monatsziele
*
*
*
*
*
*
*

Termine
*
*
*
*
*
*
*

Veranstaltungen
*
*
*
*
*
*
*

Notizen
*
*
*
*
*
*
*

Woche 1

Woche 2

Woche 3

Woche 4

Woche 5

Übersicht

MONATSPLANER

Monat

Monatsziele
*
*
*
*
*
*
*

Termine
*
*
*
*
*
*
*

Veranstaltungen
*
*
*
*
*
*

Notizen
*
*
*
*
*
*

Woche 1

Woche 2

Woche 3

Woche 4

Woche 5

Übersicht

MONATSPLANER

Monat

Monatsziele
*
*
*
*
*
*
*

Termine
*
*
*
*
*
*
*

Veranstaltungen
*
*
*
*
*
*
*

Notizen
*
*
*
*
*
*
*

Woche 1

Woche 2

Woche 3

Woche 4

Woche 5

Übersicht

MONATSPLANER

Monat

Monatsziele
*
*
*
*
*
*

Termine
*
*
*
*
*
*
*

Veranstaltungen
*
*
*
*
*
*

Notizen
*
*
*
*
*
*

Woche 1

Woche 2

Woche 3

Woche 4

Woche 5

Übersicht

MONATSPLANER

Monat

Monatsziele
*
*
*
*
*
*
*

Termine
*
*
*
*
*
*
*

Veranstaltungen
*
*
*
*
*
*

Notizen
*
*
*
*
*
*

Woche 1

Woche 2

Woche 3

Woche 4

Woche 5

Übersicht

MONATSPLANER

Monat

Monatsziele
*
*
*
*
*
*

Termine
*
*
*
*
*
*
*

Veranstaltungen
*
*
*
*
*
*

Notizen
*
*
*
*
*
*

Woche 1

Woche 2

Woche 3

Woche 4

Woche 5

Übersicht

MONATSPLANER

Monat

Monatsziele
*
*
*
*
*
*

Termine
*
*
*
*
*
*
*

Veranstaltungen
*
*
*
*
*
*

Notizen
*
*
*
*
*
*

Woche 1

Woche 2

Woche 3

Woche 4

Woche 5

Übersicht

MONATSPLANER

Monat

Monatsziele
*
*
*
*
*
*

Termine
*
*
*
*
*
*
*

Veranstaltungen
*
*
*
*
*
*

Notizen
*
*
*
*
*
*
*

Woche 1

Woche 2

Woche 3

Woche 4

Woche 5

Übersicht

MONATSPLANER

Monat

Monatsziele
*
*
*
*
*
*
*

Termine
*
*
*
*
*
*
*

Veranstaltungen
*
*
*
*
*
*
*

Notizen
*
*
*
*
*
*
*

Woche 1

Woche 2

Woche 3

Woche 4

Woche 5

Übersicht

MONATSPLANER

Monat

Monatsziele
* ......
* ......
* ......
* ......
* ......
* ......

Termine
* ......
* ......
* ......
* ......
* ......
* ......

Veranstaltungen
* ......
* ......
* ......
* ......
* ......
* ......

Notizen
* ......
* ......
* ......
* ......
* ......
* ......

Woche 1

Woche 2

Woche 3

Woche 4

Woche 5

Übersicht

MONATSPLANER

Monat

Monatsziele
*
*
*
*
*
*
*

Termine
*
*
*
*
*
*
*

Veranstaltungen
*
*
*
*
*
*
*

Notizen
*
*
*
*
*
*
*

Woche 1

Woche 2

Woche 3

Woche 4

Woche 5

Übersicht

MONATSPLANER

Monat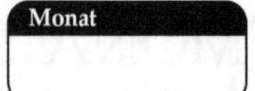

Monatsziele
*
*
*
*
*
*

Termine
*
*
*
*
*
*

Veranstaltungen
*
*
*
*
*
*

Notizen
*
*
*
*
*
*

Woche 1

Woche 2

Woche 3

Woche 4

Woche 5

Übersicht

MONATSPLANER

Monat

Monatsziele
*
*
*
*
*
*
*

Termine
*
*
*
*
*
*
*

Veranstaltungen
*
*
*
*
*
*

Notizen
*
*
*
*
*
*
*

Woche 1

Woche 2

Woche 3

Woche 4

Woche 5

Übersicht

MONATSPLANER

Monat

Monatsziele
* ....
* ....
* ....
* ....
* ....
* ....
* ....

Termine
* ....
* ....
* ....
* ....
* ....
* ....
* ....

Veranstaltungen
* ....
* ....
* ....
* ....
* ....
* ....
* ....

Notizen
* ....
* ....
* ....
* ....
* ....
* ....
* ....

Woche 1

Woche 2

Woche 3

Woche 4

Woche 5

Übersicht

MONATSPLANER

Monat

Monatsziele
*
*
*
*
*
*
*

Termine
*
*
*
*
*
*
*

Veranstaltungen
*
*
*
*
*
*
*

Notizen
*
*
*
*
*
*
*

Woche 1

Woche 2

Woche 3

Woche 4

Woche 5

Übersicht

MONATSPLANER

Monat

Monatsziele
*
*
*
*
*
*

Termine
*
*
*
*
*
*

Veranstaltungen
*
*
*
*
*
*

Notizen
*
*
*
*
*
*

Woche 1

Woche 2

Woche 3

Woche 4

Woche 5

Übersicht

MONATSPLANER

Monat

Monatsziele
* ____
* ____
* ____
* ____
* ____
* ____
* ____

Termine
* ____
* ____
* ____
* ____
* ____
* ____
* ____

Veranstaltungen
* ____
* ____
* ____
* ____
* ____
* ____
* ____

Notizen
* ____
* ____
* ____
* ____
* ____
* ____
* ____

Woche 1

Woche 2

Woche 3

Woche 4

Woche 5

Übersicht

MONATSPLANER

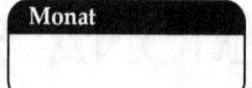
Monat

Monatsziele
*
*
*
*
*
*

Termine
*
*
*
*
*
*

Veranstaltungen
*
*
*
*
*
*

Notizen
*
*
*
*
*
*

Woche 1

Woche 2

Woche 3

Woche 4

Woche 5

Übersicht

MONATSPLANER

Monat

Monatsziele
* ---
* ---
* ---
* ---
* ---
* ---
* ---

Termine
* ---
* ---
* ---
* ---
* ---
* ---
* ---

Veranstaltungen
* ---
* ---
* ---
* ---
* ---
* ---
* ---

Notizen
* ---
* ---
* ---
* ---
* ---
* ---
* ---

Woche 1

Woche 2

Woche 3

Woche 4

Woche 5

Übersicht

MONATSPLANER

Monat

Monatsziele
* ......
* ......
* ......
* ......
* ......
* ......
* ......

Termine
* ......
* ......
* ......
* ......
* ......
* ......
* ......

Veranstaltungen
* ......
* ......
* ......
* ......
* ......
* ......

Notizen
* ......
* ......
* ......
* ......
* ......
* ......
* ......

Woche 1

Woche 2

Woche 3

Woche 4

Woche 5

Übersicht

MONATSPLANER

Monat

Monatsziele

* ----
* ----
* ----
* ----
* ----
* ----
* ----

Termine

* ----
* ----
* ----
* ----
* ----
* ----
* ----

Veranstaltungen

* ----
* ----
* ----
* ----
* ----
* ----
* ----

Notizen

* ----
* ----
* ----
* ----
* ----
* ----
* ----

Woche 1

Woche 2

Woche 3

Woche 4

Woche 5

Übersicht

MONATSPLANER

Monat

Monatsziele
* ....
* ....
* ....
* ....
* ....
* ....

Termine
* ....
* ....
* ....
* ....
* ....
* ....
* ....

Veranstaltungen
* ....
* ....
* ....
* ....
* ....
* ....
* ....

Notizen
* ....
* ....
* ....
* ....
* ....
* ....

Woche 1

Woche 2

Woche 3

Woche 4

Woche 5

Übersicht

MONATSPLANER

Monat

Monatsziele
*
*
*
*
*
*
*

Termine
*
*
*
*
*
*
*

Veranstaltungen
*
*
*
*
*
*
*

Notizen
*
*
*
*
*
*
*

Woche 1

Woche 2

Woche 3

Woche 4

Woche 5

Übersicht

MONATSPLANER

Monat

Monatsziele
* ------
* ------
* ------
* ------
* ------
* ------

Termine
* ------
* ------
* ------
* ------
* ------
* ------
* ------

Veranstaltungen
* ------
* ------
* ------
* ------
* ------
* ------
* ------

Notizen
* ------
* ------
* ------
* ------
* ------
* ------

Woche 1

Woche 2

Woche 3

Woche 4

Woche 5

Übersicht

MONATSPLANER

Monat

Monatsziele
*
*
*
*
*
*
*

Termine
*
*
*
*
*
*
*

Veranstaltungen
*
*
*
*
*
*

Notizen
*
*
*
*
*
*

Woche 1

Woche 2

Woche 3

Woche 4

Woche 5

Übersicht

MONATSPLANER

 Monat

Monatsziele
*
*
*
*
*
*
*

Termine
*
*
*
*
*
*
*

Veranstaltungen
*
*
*
*
*
*
*

Notizen
*
*
*
*
*
*
*

Woche 1

Woche 2

Woche 3

Woche 4

Woche 5

Übersicht

MONATSPLANER

Monat

Monatsziele
*
*
*
*
*
*
*

Termine
*
*
*
*
*
*
*

Veranstaltungen
*
*
*
*
*
*
*

Notizen
*
*
*
*
*
*
*

Woche 1

Woche 2

Woche 3

Woche 4

Woche 5

Übersicht

MONATSPLANER

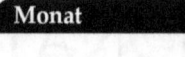
Monat

Monatsziele
* ....
* ....
* ....
* ....
* ....
* ....
* ....

Termine
* ....
* ....
* ....
* ....
* ....
* ....
* ....

Veranstaltungen
* ....
* ....
* ....
* ....
* ....
* ....
* ....

Notizen
* ....
* ....
* ....
* ....
* ....
* ....
* ....

Woche 1

Woche 2

Woche 3

Woche 4

Woche 5

Übersicht

MONATSPLANER

Monat

Monatsziele
*
*
*
*
*
*
*

Termine
*
*
*
*
*
*
*

Veranstaltungen
*
*
*
*
*
*

Notizen
*
*
*
*
*
*
*

Woche 1

Woche 2

Woche 3

Woche 4

Woche 5

Übersicht

MONATSPLANER

Monat

Monatsziele
*
*
*
*
*
*

Termine
*
*
*
*
*
*

Veranstaltungen
*
*
*
*
*
*

Notizen
*
*
*
*
*
*

Woche 1

Woche 2

Woche 3

Woche 4

Woche 5

Übersicht

MONATSPLANER

Monat

Monatsziele
*
*
*
*
*
*
*

Termine
*
*
*
*
*
*
*

Veranstaltungen
*
*
*
*
*
*
*

Notizen
*
*
*
*
*
*
*

Woche 1

Woche 2

Woche 3

Woche 4

Woche 5

Übersicht

MONATSPLANER

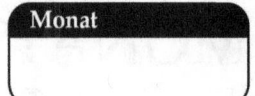
Monat

Monatsziele
* ----
* ----
* ----
* ----
* ----
* ----
* ----

Termine
* ----
* ----
* ----
* ----
* ----
* ----
* ----

Veranstaltungen
* ----
* ----
* ----
* ----
* ----
* ----
* ----

Notizen
* ----
* ----
* ----
* ----
* ----
* ----
* ----

Woche 1

Woche 2

Woche 3

Woche 4

Woche 5

Übersicht

MONATSPLANER

Monat

Monatsziele
* ....
* ....
* ....
* ....
* ....
* ....
* ....

Termine
* ....
* ....
* ....
* ....
* ....
* ....
* ....

Veranstaltungen
* ....
* ....
* ....
* ....
* ....
* ....

Notizen
* ....
* ....
* ....
* ....
* ....
* ....
* ....

Woche 1

Woche 2

Woche 3

Woche 4

Woche 5

Übersicht

MONATSPLANER

Monat

Monatsziele
*
*
*
*
*
*

Termine
*
*
*
*
*
*

Veranstaltungen
*
*
*
*
*
*

Notizen
*
*
*
*
*
*

Woche 1

Woche 2

Woche 3

Woche 4

Woche 5

Übersicht

MONATSPLANER

Monat

Monatsziele
*
*
*
*
*
*
*

Termine
*
*
*
*
*
*
*

Veranstaltungen
*
*
*
*
*
*

Notizen
*
*
*
*
*
*
*

Woche 1

Woche 2

Woche 3

Woche 4

Woche 5

Übersicht

MONATSPLANER

Monat

Monatsziele
* ----
* ----
* ----
* ----
* ----
* ----

Termine
* ----
* ----
* ----
* ----
* ----
* ----

Veranstaltungen
* ----
* ----
* ----
* ----
* ----
* ----

Notizen
* ----
* ----
* ----
* ----
* ----
* ----

Woche 1

Woche 2

Woche 3

Woche 4

Woche 5

Übersicht

MONATSPLANER

Monat

Monatsziele
*
*
*
*
*
*
*

Termine
*
*
*
*
*
*
*

Veranstaltungen
*
*
*
*
*
*
*

Notizen
*
*
*
*
*
*
*

Woche 1

Woche 2

Woche 3

Woche 4

Woche 5

Übersicht

MONATSPLANER

Monat

Monatsziele
*
*
*
*
*
*
*

Termine
*
*
*
*
*
*
*

Veranstaltungen
*
*
*
*
*
*
*

Notizen
*
*
*
*
*
*
*

Woche 1

Woche 2

Woche 3

Woche 4

Woche 5

Übersicht

MONATSPLANER

Monat

Monatsziele
* -----
* -----
* -----
* -----
* -----
* -----
* -----

Termine
* -----
* -----
* -----
* -----
* -----
* -----
* -----

Veranstaltungen
* -----
* -----
* -----
* -----
* -----
* -----
* -----

Notizen
* -----
* -----
* -----
* -----
* -----
* -----
* -----

Woche 1

Woche 2

Woche 3

Woche 4

Woche 5

Übersicht

MONATSPLANER

Monat

Monatsziele
*
*
*
*
*
*
*

Termine
*
*
*
*
*
*
*

Veranstaltungen
*
*
*
*
*
*

Notizen
*
*
*
*
*
*

Woche 1

Woche 2

Woche 3

Woche 4

Woche 5

Übersicht

MONATSPLANER

Monat

Monatsziele
*
*
*
*
*
*
*

Termine
*
*
*
*
*
*
*

Veranstaltungen
*
*
*
*
*
*

Notizen
*
*
*
*
*
*
*

Woche 1

Woche 2

Woche 3

Woche 4

Woche 5

Übersicht

MONATSPLANER

Monat

Monatsziele
* ......
* ......
* ......
* ......
* ......
* ......

Termine
* ......
* ......
* ......
* ......
* ......
* ......

Veranstaltungen
* ......
* ......
* ......
* ......
* ......
* ......

Notizen
* ......
* ......
* ......
* ......
* ......
* ......

Woche 1

Woche 2

Woche 3

Woche 4

Woche 5

Übersicht

MONATSPLANER

Monat

Monatsziele
*
*
*
*
*
*
*

Termine
*
*
*
*
*
*
*

Veranstaltungen
*
*
*
*
*
*
*

Notizen
*
*
*
*
*
*
*

Woche 1

Woche 2

Woche 3

Woche 4

Woche 5

Übersicht

MONATSPLANER

Monat

Monatsziele
*
*
*
*
*
*
*

Termine
*
*
*
*
*
*
*

Veranstaltungen
*
*
*
*
*
*

Notizen
*
*
*
*
*
*
*

Woche 1

Woche 2

Woche 3

Woche 4

Woche 5

Übersicht

MONATSPLANER

Monat

Monatsziele
*
*
*
*
*
*
*

Termine
*
*
*
*
*
*
*

Veranstaltungen
*
*
*
*
*
*
*

Notizen
*
*
*
*
*
*
*

Woche 1

Woche 2

Woche 3

Woche 4

Woche 5

Übersicht

MONATSPLANER

Monat

Monatsziele
* ....
* ....
* ....
* ....
* ....
* ....

Termine
* ....
* ....
* ....
* ....
* ....
* ....
* ....

Veranstaltungen
* ....
* ....
* ....
* ....
* ....
* ....

Notizen
* ....
* ....
* ....
* ....
* ....
* ....

Woche 1

Woche 2

Woche 3

Woche 4

Woche 5

Übersicht

MONATSPLANER

Monat

Monatsziele
*
*
*
*
*
*
*

Termine
*
*
*
*
*
*
*

Veranstaltungen
*
*
*
*
*
*

Notizen
*
*
*
*
*
*

Woche 1

Woche 2

Woche 3

Woche 4

Woche 5

Übersicht

MONATSPLANER

Monat

Monatsziele
*
*
*
*
*
*

Termine
*
*
*
*
*
*

Veranstaltungen
*
*
*
*
*
*

Notizen
*
*
*
*
*
*

Woche 1

Woche 2

Woche 3

Woche 4

Woche 5

Übersicht

MONATSPLANER

Monat

Monatsziele
*
*
*
*
*
*
*

Termine
*
*
*
*
*
*
*

Veranstaltungen
*
*
*
*
*
*

Notizen
*
*
*
*
*
*
*

Woche 1

Woche 2

Woche 3

Woche 4

Woche 5

Übersicht

MONATSPLANER

Monat

Monatsziele
*
*
*
*
*
*
*

Termine
*
*
*
*
*
*
*

Veranstaltungen
*
*
*
*
*
*
*

Notizen
*
*
*
*
*
*
*

Woche 1

Woche 2

Woche 3

Woche 4

Woche 5

Übersicht

MONATSPLANER

Monat

Monatsziele
*
*
*
*
*
*
*

Termine
*
*
*
*
*
*
*

Veranstaltungen
*
*
*
*
*
*
*

Notizen
*
*
*
*
*
*
*

Woche 1

Woche 2

Woche 3

Woche 4

Woche 5

Übersicht

MONATSPLANER

Monat

Monatsziele
*
*
*
*
*
*

Termine
*
*
*
*
*
*

Veranstaltungen
*
*
*
*
*
*

Notizen
*
*
*
*
*
*

Woche 1

Woche 2

Woche 3

Woche 4

Woche 5

Übersicht

MONATSPLANER

Monat

Monatsziele
* ....
* ....
* ....
* ....
* ....
* ....
* ....

Termine
* ....
* ....
* ....
* ....
* ....
* ....
* ....

Veranstaltungen
* ....
* ....
* ....
* ....
* ....
* ....
* ....

Notizen
* ....
* ....
* ....
* ....
* ....
* ....
* ....

Woche 1

Woche 2

Woche 3

Woche 4

Woche 5

Übersicht

MONATSPLANER

Monat

Monatsziele
-
-
-
-
-
-

Termine
-
-
-
-
-
-

Veranstaltungen
-
-
-
-
-
-

Notizen
-
-
-
-
-
-

Woche 1

Woche 2

Woche 3

Woche 4

Woche 5

Übersicht

MONATSPLANER

Monat

Monatsziele
*
*
*
*
*
*
*

Termine
*
*
*
*
*
*
*

Veranstaltungen
*
*
*
*
*
*

Notizen
*
*
*
*
*
*
*

Woche 1

Woche 2

Woche 3

Woche 4

Woche 5

Übersicht

MONATSPLANER

Monat

Monatsziele
* ....
* ....
* ....
* ....
* ....
* ....
* ....

Termine
* ....
* ....
* ....
* ....
* ....
* ....
* ....

Veranstaltungen
* ....
* ....
* ....
* ....
* ....
* ....

Notizen
* ....
* ....
* ....
* ....
* ....
* ....
* ....

Woche 1

Woche 2

Woche 3

Woche 4

Woche 5

Übersicht

MONATSPLANER

Monat

Monatsziele
* ----------------------------
* ----------------------------
* ----------------------------
* ----------------------------
* ----------------------------
* ----------------------------
* ----------------------------

Termine
* ----------------------------
* ----------------------------
* ----------------------------
* ----------------------------
* ----------------------------
* ----------------------------
* ----------------------------

Veranstaltungen
* ----------------------------
* ----------------------------
* ----------------------------
* ----------------------------
* ----------------------------
* ----------------------------
* ----------------------------

Notizen
* ----------------------------
* ----------------------------
* ----------------------------
* ----------------------------
* ----------------------------
* ----------------------------
* ----------------------------

Woche 1

Woche 2

Woche 3

Woche 4

Woche 5

Übersicht

MONATSPLANER

Monat

Monatsziele
*
*
*
*
*
*

Termine
*
*
*
*
*
*

Veranstaltungen
*
*
*
*
*
*

Notizen
*
*
*
*
*
*

Woche 1

Woche 2

Woche 3

Woche 4

Woche 5

Übersicht

MONATSPLANER

Monat

Monatsziele
*
*
*
*
*
*
*

Termine
*
*
*
*
*
*
*

Veranstaltungen
*
*
*
*
*
*
*

Notizen
*
*
*
*
*
*
*

Woche 1

Woche 2

Woche 3

Woche 4

Woche 5

Übersicht

MONATSPLANER

Monat

Monatsziele
*
*
*
*
*
*

Termine
*
*
*
*
*
*

Veranstaltungen
*
*
*
*
*
*

Notizen
*
*
*
*
*
*

Woche 1

Woche 2

Woche 3

Woche 4

Woche 5

Übersicht

MONATSPLANER

Monat

Monatsziele
*
*
*
*
*
*
*

Termine
*
*
*
*
*
*
*

Veranstaltungen
*
*
*
*
*
*

Notizen
*
*
*
*
*
*

Woche 1

Woche 2

Woche 3

Woche 4

Woche 5

Übersicht

MONATSPLANER

Monat

Monatsziele
*
*
*
*
*
*
*

Termine
*
*
*
*
*
*
*

Veranstaltungen
*
*
*
*
*
*
*

Notizen
*
*
*
*
*
*
*

Woche 1

Woche 2

Woche 3

Woche 4

Woche 5

Übersicht

MONATSPLANER

Monat

Monatsziele
*
*
*
*
*
*
*

Termine
*
*
*
*
*
*
*

Veranstaltungen
*
*
*
*
*
*
*

Notizen
*
*
*
*
*
*
*

Woche 1

Woche 2

Woche 3

Woche 4

Woche 5

Übersicht

MONATSPLANER

Monat

Monatsziele
*
*
*
*
*
*

Termine
*
*
*
*
*
*
*

Veranstaltungen
*
*
*
*
*
*

Notizen
*
*
*
*
*
*
*

Woche 1

Woche 2

Woche 3

Woche 4

Woche 5

Übersicht

MONATSPLANER

Monat

Monatsziele
* ...
* ...
* ...
* ...
* ...
* ...

Termine
* ...
* ...
* ...
* ...
* ...
* ...
* ...

Veranstaltungen
* ...
* ...
* ...
* ...
* ...
* ...
* ...

Notizen
* ...
* ...
* ...
* ...
* ...
* ...
* ...

Woche 1

Woche 2

Woche 3

Woche 4

Woche 5

Übersicht

MONATSPLANER

Monat

Monatsziele
*
*
*
*
*
*
*

Termine
*
*
*
*
*
*
*

Veranstaltungen
*
*
*
*
*
*
*

Notizen
*
*
*
*
*
*
*

Woche 1

Woche 2

Woche 3

Woche 4

Woche 5

Übersicht

MONATSPLANER

Monat

Monatsziele
* ......
* ......
* ......
* ......
* ......
* ......
* ......

Termine
* ......
* ......
* ......
* ......
* ......
* ......
* ......

Veranstaltungen
* ......
* ......
* ......
* ......
* ......
* ......
* ......

Notizen
* ......
* ......
* ......
* ......
* ......
* ......
* ......

Woche 1

Woche 2

Woche 3

Woche 4

Woche 5

Übersicht

MONATSPLANER

Monat

Monatsziele
* _____
* _____
* _____
* _____
* _____
* _____
* _____

Termine
* _____
* _____
* _____
* _____
* _____
* _____
* _____

Veranstaltungen
* _____
* _____
* _____
* _____
* _____
* _____
* _____

Notizen
* _____
* _____
* _____
* _____
* _____
* _____
* _____

Woche 1

Woche 2

Woche 3

Woche 4

Woche 5

Übersicht

MONATSPLANER

Monat

Monatsziele
*
*
*
*
*
*
*

Termine
*
*
*
*
*
*
*

Veranstaltungen
*
*
*
*
*
*
*

Notizen
*
*
*
*
*
*

Woche 1

Woche 2

Woche 3

Woche 4

Woche 5

Übersicht

MONATSPLANER

Monat

Monatsziele
-
-
-
-
-
-

Termine
-
-
-
-
-
-

Veranstaltungen
-
-
-
-
-
-

Notizen
-
-
-
-
-
-

Woche 1

Woche 2

Woche 3

Woche 4

Woche 5

Übersicht

MONATSPLANER

Monatsziele
* ....
* ....
* ....
* ....
* ....
* ....

Termine
* ....
* ....
* ....
* ....
* ....
* ....
* ....

Veranstaltungen
* ....
* ....
* ....
* ....
* ....
* ....
* ....

Notizen
* ....
* ....
* ....
* ....
* ....
* ....
* ....

Woche 1

Woche 2

Woche 3

Woche 4

Woche 5

Übersicht

MONATSPLANER

Monat

Monatsziele
*
*
*
*
*
*
*

Termine
*
*
*
*
*
*

Veranstaltungen
*
*
*
*
*
*

Notizen
*
*
*
*
*
*
*

Woche 1

Woche 2

Woche 3

Woche 4

Woche 5

Übersicht

MONATSPLANER

Monat

Monatsziele
*
*
*
*
*
*
*

Termine
*
*
*
*
*
*
*

Veranstaltungen
*
*
*
*
*
*

Notizen
*
*
*
*
*
*

Woche 1

Woche 2

Woche 3

Woche 4

Woche 5

Übersicht

MONATSPLANER

Monat

Monatsziele
* ......
* ......
* ......
* ......
* ......
* ......
* ......

Termine
* ......
* ......
* ......
* ......
* ......
* ......
* ......

Veranstaltungen
* ......
* ......
* ......
* ......
* ......
* ......

Notizen
* ......
* ......
* ......
* ......
* ......
* ......
* ......

Woche 1

Woche 2

Woche 3

Woche 4

Woche 5

Übersicht

MONATSPLANER

Monat

Monatsziele
*
*
*
*
*
*
*

Termine
*
*
*
*
*
*

Veranstaltungen
*
*
*
*
*
*
*

Notizen
*
*
*
*
*
*
*

Woche 1

Woche 2

Woche 3

Woche 4

Woche 5

Übersicht

MONATSPLANER

Monat

Monatsziele
*
*
*
*
*
*
*

Termine
*
*
*
*
*
*
*

Veranstaltungen
*
*
*
*
*
*

Notizen
*
*
*
*
*
*
*

Woche 1

Woche 2

Woche 3

Woche 4

Woche 5

Übersicht

MONATSPLANER

Monat

Monatsziele
* ----
* ----
* ----
* ----
* ----
* ----
* ----

Termine
* ----
* ----
* ----
* ----
* ----
* ----
* ----

Veranstaltungen
* ----
* ----
* ----
* ----
* ----
* ----
* ----

Notizen
* ----
* ----
* ----
* ----
* ----
* ----
* ----

Woche 1

Woche 2

Woche 3

Woche 4

Woche 5

Übersicht

MONATSPLANER

Monat

Monatsziele
*
*
*
*
*
*
*

Termine
*
*
*
*
*
*
*

Veranstaltungen
*
*
*
*
*
*
*

Notizen
*
*
*
*
*
*
*

Woche 1

Woche 2

Woche 3

Woche 4

Woche 5

Übersicht

MONATSPLANER

Monat

Monatsziele
*
*
*
*
*
*
*

Termine
*
*
*
*
*
*
*

Veranstaltungen
*
*
*
*
*
*
*

Notizen
*
*
*
*
*
*
*

Woche 1

Woche 2

Woche 3

Woche 4

Woche 5

Übersicht

MONATSPLANER

Monat

Monatsziele
*
*
*
*
*
*
*

Termine
*
*
*
*
*
*

Veranstaltungen
*
*
*
*
*
*

Notizen
*
*
*
*
*
*
*

Woche 1

Woche 2

Woche 3

Woche 4

Woche 5

Übersicht

MONATSPLANER

Monat

Monatsziele
* ......
* ......
* ......
* ......
* ......
* ......
* ......

Termine
* ......
* ......
* ......
* ......
* ......
* ......
* ......

Veranstaltungen
* ......
* ......
* ......
* ......
* ......
* ......
* ......

Notizen
* ......
* ......
* ......
* ......
* ......
* ......
* ......

Woche 1

Woche 2

Woche 3

Woche 4

Woche 5

Übersicht

MONATSPLANER

Monat

Monatsziele
*
*
*
*
*
*
*

Termine
*
*
*
*
*
*

Veranstaltungen
*
*
*
*
*
*

Notizen
*
*
*
*
*
*

Woche 1

Woche 2

Woche 3

Woche 4

Woche 5

Übersicht

MONATSPLANER

Monat

Monatsziele
* ......
* ......
* ......
* ......
* ......
* ......
* ......

Termine
* ......
* ......
* ......
* ......
* ......
* ......
* ......

Veranstaltungen
* ......
* ......
* ......
* ......
* ......
* ......
* ......

Notizen
* ......
* ......
* ......
* ......
* ......
* ......
* ......

Woche 1

Woche 2

Woche 3

Woche 4

Woche 5

Übersicht

MONATSPLANER

Monat

Monatsziele
*
*
*
*
*
*

Termine
*
*
*
*
*
*

Veranstaltungen
*
*
*
*
*
*

Notizen
*
*
*
*
*
*

Woche 1

Woche 2

Woche 3

Woche 4

Woche 5

Übersicht

MONATSPLANER

Monat

Monatsziele
* ......
* ......
* ......
* ......
* ......
* ......
* ......

Termine
* ......
* ......
* ......
* ......
* ......
* ......
* ......

Veranstaltungen
* ......
* ......
* ......
* ......
* ......
* ......
* ......

Notizen
* ......
* ......
* ......
* ......
* ......
* ......
* ......

Woche 1

Woche 2

Woche 3

Woche 4

Woche 5

Übersicht

MONATSPLANER

Monat

Monatsziele
*
*
*
*
*
*

Termine
*
*
*
*
*
*

Veranstaltungen
*
*
*
*
*
*

Notizen
*
*
*
*
*
*

Woche 1

Woche 2

Woche 3

Woche 4

Woche 5

Übersicht

MONATSPLANER

 Monat

Monatsziele
* ...
* ...
* ...
* ...
* ...
* ...
* ...

Termine
* ...
* ...
* ...
* ...
* ...
* ...
* ...

Veranstaltungen
* ...
* ...
* ...
* ...
* ...
* ...
* ...

Notizen
* ...
* ...
* ...
* ...
* ...
* ...
* ...

Woche 1

Woche 2

Woche 3

Woche 4

Woche 5

Übersicht

MONATSPLANER

Monat

Monatsziele
*
*
*
*
*
*
*

Termine
*
*
*
*
*
*
*

Veranstaltungen
*
*
*
*
*
*

Notizen
*
*
*
*
*
*

Woche 1

Woche 2

Woche 3

Woche 4

Woche 5

Übersicht

MONATSPLANER

Monat

Monatsziele
* ...
* ...
* ...
* ...
* ...
* ...

Termine
* ...
* ...
* ...
* ...
* ...
* ...
* ...

Veranstaltungen
* ...
* ...
* ...
* ...
* ...
* ...
* ...

Notizen
* ...
* ...
* ...
* ...
* ...
* ...
* ...

Woche 1

Woche 2

Woche 3

Woche 4

Woche 5

Übersicht

MONATSPLANER

Monat

Monatsziele
* ......
* ......
* ......
* ......
* ......
* ......
* ......

Termine
* ......
* ......
* ......
* ......
* ......
* ......

Veranstaltungen
* ......
* ......
* ......
* ......
* ......
* ......

Notizen
* ......
* ......
* ......
* ......
* ......
* ......
* ......

Woche 1

Woche 2

Woche 3

Woche 4

Woche 5

Übersicht

MONATSPLANER

Monat

Monatsziele
* ....
* ....
* ....
* ....
* ....
* ....
* ....

Termine
* ....
* ....
* ....
* ....
* ....
* ....
* ....

Veranstaltungen
* ....
* ....
* ....
* ....
* ....
* ....
* ....

Notizen
* ....
* ....
* ....
* ....
* ....
* ....
* ....

Woche 1

Woche 2

Woche 3

Woche 4

Woche 5

Übersicht

MONATSPLANER

Monat

Monatsziele
*
*
*
*
*
*
*

Termine
*
*
*
*
*
*
*

Veranstaltungen
*
*
*
*
*
*
*

Notizen
*
*
*
*
*
*
*

Woche 1

Woche 2

Woche 3

Woche 4

Woche 5

Übersicht

MONATSPLANER

Monat

Monatsziele
*
*
*
*
*
*
*

Termine
*
*
*
*
*
*
*

Veranstaltungen
*
*
*
*
*
*
*

Notizen
*
*
*
*
*
*
*

Woche 1

Woche 2

Woche 3

Woche 4

Woche 5

Übersicht

MONATSPLANER

Monat

Monatsziele
*
*
*
*
*
*
*

Termine
*
*
*
*
*
*

Veranstaltungen
*
*
*
*
*
*

Notizen
*
*
*
*
*
*
*

Woche 1

Woche 2

Woche 3

Woche 4

Woche 5

Übersicht

MONATSPLANER

Monat

Monatsziele
*
*
*
*
*
*
*

Termine
*
*
*
*
*
*
*

Veranstaltungen
*
*
*
*
*
*
*

Notizen
*
*
*
*
*
*
*

Woche 1

Woche 2

Woche 3

Woche 4

Woche 5

Übersicht

MONATSPLANER

Monat

Monatsziele
* ----
* ----
* ----
* ----
* ----
* ----
* ----

Termine
* ----
* ----
* ----
* ----
* ----
* ----

Veranstaltungen
* ----
* ----
* ----
* ----
* ----
* ----

Notizen
* ----
* ----
* ----
* ----
* ----
* ----
* ----

Woche 1

Woche 2

Woche 3

Woche 4

Woche 5

Übersicht

MONATSPLANER

Monat

Monatsziele
*
*
*
*
*
*
*

Termine
*
*
*
*
*
*
*

Veranstaltungen
*
*
*
*
*
*
*

Notizen
*
*
*
*
*
*
*

Woche 1

Woche 2

Woche 3

Woche 4

Woche 5

Übersicht

MONATSPLANER

Monat

Monatsziele
*
*
*
*
*
*
*

Termine
*
*
*
*
*
*
*

Veranstaltungen
*
*
*
*
*
*
*

Notizen
*
*
*
*
*
*
*

Woche 1

Woche 2

Woche 3

Woche 4

Woche 5

Übersicht

MONATSPLANER

Monat

Monatsziele
*
*
*
*
*
*
*

Termine
*
*
*
*
*
*
*

Veranstaltungen
*
*
*
*
*
*
*

Notizen
*
*
*
*
*
*
*

Woche 1

Woche 2

Woche 3

Woche 4

Woche 5

Übersicht

MONATSPLANER

Monat

Monatsziele
*
*
*
*
*
*
*

Termine
*
*
*
*
*
*
*

Veranstaltungen
*
*
*
*
*
*

Notizen
*
*
*
*
*
*

Woche 1
Woche 2
Woche 3
Woche 4
Woche 5

Übersicht

MONATSPLANER

Monat

Monatsziele
*
*
*
*
*
*
*

Termine
*
*
*
*
*
*
*

Veranstaltungen
*
*
*
*
*
*
*

Notizen
*
*
*
*
*
*
*

Woche 1

Woche 2

Woche 3

Woche 4

Woche 5

Übersicht

MONATSPLANER

Monat

Monatsziele
*
*
*
*
*
*

Termine
*
*
*
*
*
*

Veranstaltungen
*
*
*
*
*

Notizen
*
*
*
*
*
*

Woche 1

Woche 2

Woche 3

Woche 4

Woche 5

Übersicht

MONATSPLANER

Monat

Monatsziele
* ....
* ....
* ....
* ....
* ....
* ....
* ....

Termine
* ....
* ....
* ....
* ....
* ....
* ....
* ....

Veranstaltungen
* ....
* ....
* ....
* ....
* ....
* ....
* ....

Notizen
* ....
* ....
* ....
* ....
* ....
* ....
* ....

Woche 1

Woche 2

Woche 3

Woche 4

Woche 5

Übersicht

MONATSPLANER

Monat

Monatsziele
*
*
*
*
*
*
*

Termine
*
*
*
*
*
*
*

Veranstaltungen
*
*
*
*
*
*
*

Notizen
*
*
*
*
*
*
*

Woche 1

Woche 2

Woche 3

Woche 4

Woche 5

Übersicht

MONATSPLANER

Monat

Monatsziele
*
*
*
*
*
*
*

Termine
*
*
*
*
*
*

Veranstaltungen
*
*
*
*
*
*

Notizen
*
*
*
*
*
*

Woche 1

Woche 2

Woche 3

Woche 4

Woche 5

Übersicht

MONATSPLANER

Monat

Monatsziele
*
*
*
*
*
*
*

Termine
*
*
*
*
*
*

Veranstaltungen
*
*
*
*
*
*

Notizen
*
*
*
*
*
*

Woche 1

Woche 2

Woche 3

Woche 4

Woche 5

Übersicht

MONATSPLANER

Monat

Monatsziele
*
*
*
*
*
*
*

Termine
*
*
*
*
*
*
*

Veranstaltungen
*
*
*
*
*
*
*

Notizen
*
*
*
*
*
*
*

Woche 1

Woche 2

Woche 3

Woche 4

Woche 5

Übersicht

MONATSPLANER

Monat

Monatsziele
- *
- *
- *
- *
- *
- *
- *

Termine
- *
- *
- *
- *
- *
- *
- *

Veranstaltungen
- *
- *
- *
- *
- *
- *

Notizen
- *
- *
- *
- *
- *
- *
- *

Woche 1

Woche 2

Woche 3

Woche 4

Woche 5

Übersicht

www.ingramcontent.com/pod-product-compliance
Lightning Source LLC
Chambersburg PA
CBHW070655220526
45466CB00001B/443